正向教育
故事系列

長頸鹿高高，
請別欺凌別人

蘇·格雷夫斯 著　　特雷弗·鄧頓 圖

U0111224

新雅文化事業有限公司
www.sunya.com.hk

正向教育故事系列

《正向教育故事系列》全套10冊，**旨在培養孩子正向的性格強項，發揮個人潛能，活出更精彩豐盛的人生。**

在《正向教育故事系列》裏，動物們遭遇到一些孩子普遍會遇到的困境，幸好他們最後都能發揮相關的性格強項，完滿地解決事情，還得到意外驚喜。

小朋友，準備好了嗎？現在，就讓我們進入正能量世界，一起跟着

 鱷魚卡卡學**毅力**　　 大象波波學**仁慈**

 豹子達達學**團隊精神**　　 長頸鹿高高學**公平**

 河馬胖胖學**正直**　　 獅子安安學**希望**

 猴子奇奇學**審慎**　　 烏龜娜娜學**勇敢**

 老虎哈哈學**自我規範**　　 犀牛魯魯學**社交智慧**

每冊書末還設有**親子/師生共讀建議**，幫助爸媽和孩子說故事呢！

 升級功能

本系列屬「新雅點讀樂園」產品之一，若配備新雅點讀筆，爸媽和孩子可以使用全書的點讀和錄音功能，聆聽粵語朗讀故事、粵語講故事和普通話朗讀故事，亦能點選圖中的角色，聆聽對白，生動地演繹出每個故事，讓孩子隨着聲音，進入豐富多彩的故事世界，而且更可錄下爸媽和孩子的聲音來說故事，增添親子閱讀的趣味！

「新雅點讀樂園」產品包括語文學習類、親子故事和知識類等圖書，種類豐富，旨在透過聲音和互動功能帶動孩子學習，提升他們的學習動機與趣味！

家長如欲另購新雅點讀筆，或想了解更多新雅的點讀產品，請瀏覽新雅網頁 (www.sunya.com.hk) 或掃描右邊的QR code進入 新雅•點讀樂園 。

如何使用**新雅點讀筆**閱讀故事

❶ 下載本故事的聲音檔案

1. 瀏覽新雅網頁(www.sunya.com.hk) 或掃描右邊的QR code 進入 新雅・點讀樂園 。

2. 點選 下載點讀筆檔案 ▶ 。

3. 依照下載區的步驟說明，點選及下載《正向教育故事系列》的聲音檔案至電腦，並複製至新雅點讀筆的「BOOKS」 資料夾內。

❷ 點讀故事和選擇語言

啟動點讀筆後，請點選封面，然後點選書本上的故事文字或說話的人物，點讀筆便會播放相應的內容。如想切換播放的語言，請點選每頁左上角的 粵 ☆ 普 圖示，當再次點選內頁時，點讀筆便會使用所選的語言播放點選的內容。

語言圖示說明

粵	☆	普
粵語 朗讀故事	粵語 講故事	普通話 朗讀故事

❸ 播放整個故事

如想播放整個故事請點選下面的圖示：

選擇語言

粵語
朗讀故事

粵語
講故事

普通話
朗讀故事

播放整個故事

播放

暫停

停止

❹ 製作獨一無二的點讀故事書

爸媽和孩子可以各自點選以下圖示，錄下自己的聲音來說故事！

1. 先點選圖示上 **爸媽錄音** 或 **孩子錄音** 的位置，再點 OK，便可錄音。
2. 完成錄音後，請再次點選 OK，停止錄音。
3. 最後點選 ▶ 的位置，便可播放錄音了！
4. 如想再次錄音，請重複以上步驟。注意每次只保留最後一次的錄音。

爸媽請使用
這個圖示錄音

OK
爸媽錄音

孩子請使用
這個圖示錄音

OK
孩子錄音

　　星期一早上，森林學校來了一位新同學，就是豹子。大鳥老師安排豹子跟長頸鹿高高、猴子和小獅子一起坐，並請大家幫助豹子適應校園生活，成為好朋友。

但是高高卻很生氣，因為猴子和小獅子都是他的好朋友，他不想豹子成為他們的一分子，更不想豹子搶走他的好朋友。

休息的時候，高高、猴子和小獅子在踢足球。猴子想邀請豹子一起踢，高高卻十分生氣，他拒絕讓豹子參與，更示意他離開。豹子很傷心，被人排斥的感覺很難受。小獅子說高高這樣做並不友善。

　　星期二的早上，豹子興奮地回校，他想邀請
所有好朋友來參加他在星期六舉行的生日會。

　　豹子派了很多邀請卡，卻沒有給高高。高高
很不開心，他感覺到自己好像被排斥。

豹子興奮地談論着他的生日會，他説派對一定會很好玩，大家戴着生日帽子，一起玩很多遊戲，又可以吃蛋糕、麵包和果凍，還會有比賽呢！

高高很傷心，他也想參加豹子的生日會。猴子說高高對豹子不友善，讓他感到害怕。小獅子也說如果高高對豹子友善一點，他們可以成為好朋友啊！

　　那天下午，大鳥老師說同學們要分成二人一組，一起製作模型船，而且模型船一定要成功浮在水面。她安排高高和豹子一組，可是高高不願意，因為豹子不是他的朋友。最後大鳥老師還是鼓勵高高試試看。

　　高高想要用紙剪出模型船的形狀，但是很困難。於是豹子幫他剪出來。高高很開心。

　　豹子想把紙貼起來，但是很困難。於是高高
幫他逐片逐片貼起來。豹子很開心。

　　最後，他們要測試模型船了。那真是不容易呢！但是高高和豹子互相幫助、互相鼓勵，最終讓模型船成功浮在水面了！他們高興得不得了。大鳥老師說他們合作得非常好。

休息的時候，高高邀請豹子跟猴子和小獅子一起踢足球。看！大家玩得真開心。

高高說豹子踢得好，他又為自己之前的不友善態度道歉。他希望能跟豹子成為好朋友。

　　第二天，豹子送給高高一份驚喜——一張生日會邀請卡。高高很興奮，因為豹子願意跟他做朋友。

到了星期六，大家一起參加豹子的生日會。那裏有很多不同款式的派對帽子。有大的帽子，有小的帽子；有高的帽子，也有扁的帽子。高高覺得自己的帽子是最漂亮的。

大家又一起玩
「音樂椅子」遊戲，
結果猴子勝出。

然後他們又玩
「一二三、木頭
人」遊戲，結果小
獅子勝出。

24

最後他們又玩「層層拆禮物」遊戲，這次高高勝出了！

　　不一會，豹子的媽媽拿來很多蛋糕、麵包和果凍。有藍色的蛋糕，也有紅色的蛋糕；有焦糖麵包，也有櫻桃麵包；有綠色的果凍，也有黃色的果凍。大家都盡情地吃，把所有東西都吃清光，真美味啊！

豹子的爸爸安排了各式各樣的比賽。有跑步比賽、跳遠比賽、跳豆袋比賽，還有一個瘋狂傻跑比賽！高高、猴子、小獅子和豹子最喜歡這個比賽了！

　　是時候回家了。大家都很感謝豹子舉辦了這個美好的生日會。

　　「我們明天再一起玩吧！」豹子說：「那樣才有樂趣。」

　　「對啊，」高高說：「大家一起玩，才是最快樂的！」

認識正向心理學的 24 個性格強項

正向心理學之父馬丁‧賽里格曼 (Martin Seligman) 與其他學者合作，研究出一套以科學驗證為基礎的正向心理學理論，提出每人都能培育及運用所擁有的性格強項，活出更豐盛的人生。

正向心理學中的性格強項分成 6 大美德 (Virtues)，共 24 個性格強項 (Character Strengths)。只要我們好好運用性格強項和應用所累積的正向經驗，日後無論是在順境或逆境中，我們仍然能從中獲得快樂及寶貴的經驗。

現在，一起來認識 24 個性格強項：

智慧與知識
(Wisdom & Knowledge)
喜愛學習 (Love of Learning)
開明思想 (Judgement)
洞察力 (Perspective)
創造力 (Creativity)
好奇心 (Curiosity)

勇氣
(Courage)
正直 (Honesty)
勇敢 (Bravery)
熱情與幹勁 (Zest)
毅力 (Perseverance)

節制
(Temperance)
謙遜 (Humility)
審慎 (Prudence)
寬恕 (Forgiveness)
自我規範 (Self-regulation)

24 個
性格強項

公義
(Justice)
公平 (Fairness)
團隊精神 (Teamwork)
領導才能 (Leadership)

靈性與超越
(Transcendence)
希望 (Hope)
感恩 (Gratitude)
幽默感 (Humour)
靈修性 (Spirituality)
對美麗和卓越的欣賞
(Appreciation of Beauty and Excellence)

仁愛
(Humanity)
愛 (Love)
仁慈 (Kindness)
社交智慧 (Social Intelligence)

故事中主角所發揮的性格強項

　　長頸鹿高高覺得新來的同學豹子會把他的好朋友搶走，於是故意排斥他。這種態度讓豹子不敢接近高高，也漸漸讓猴子和小獅子不滿。

　　直到豹子邀請所有好朋友去參加他的生日會，卻沒有邀請高高，高高才感受到自己被排斥的心情，是多麼不好受，並明白到友愛的重要。最後高高發揮了**仁慈**這個性格強項，懷着**友愛**、**關懷**和**寬宏大量**之心去跟豹子做朋友。而在豹子的生日會上，沒有一個朋友被排斥，大家都一起享受快樂的時光呢！

親子 / 師生共讀建議

讀完故事後，和孩子談談這本書：

1 與孩子談談故事情節，鼓勵孩子按時間順序複述故事的情節。

2 請孩子想一想為何高高最初不想跟豹子玩耍？對於高高的態度，孩子們有什麼看法？

3 與孩子談談他們會如何對待學校裏的新同學。他們會友善對待和接納別人嗎？會邀請他們一起玩耍嗎？

4 請孩子分享自己曾經作為新生，在第一天上學時的感覺。有沒有遇過特別友善的人？他們做了什麼友善的事情？

5 與孩子談談高高最後如何汲取教訓。當他知道自己未獲邀請出席生日會時，有什麼感受？孩子是否都認為這讓高高上了寶貴的一課？

6 與孩子談談如果他們遇上被欺凌的情況會怎樣做。有哪些可以信任的人可以幫助他們，例如：父母、老師和朋友。提醒他們千萬不要默默忍受欺凌這種不要得的行為。

正向教育故事系列（修訂版）

長頸鹿高高，請別欺凌別人

作　　者：蘇‧格雷夫斯（Sue Graves）
繪　　圖：特雷弗‧鄧頓（Trevor Dunton）
翻　　譯：張碧嘉
責任編輯：趙慧雅、龐頌恩、劉紀均
美術設計：蔡學彰
出　　版：新雅文化事業有限公司
　　　　　香港英皇道499號北角工業大廈18樓
　　　　　電話：（852）2138 7998
　　　　　傳真：（852）2597 4003
　　　　　網址：http://www.sunya.com.hk
　　　　　電郵：marketing@sunya.com.hk
發　　行：香港聯合書刊物流有限公司
　　　　　香港荃灣德士古道220-248號荃灣工業中心16樓
　　　　　電話：（852）2150 2100　　傳真：（852）2407 3062
　　　　　電郵：info@suplogistics.com.hk
印　　刷：中華商務彩色印刷有限公司
　　　　　香港新界大埔汀麗路36號
版　　次：二〇二〇年九月初版
　　　　　二〇二三年三月第四次印刷